MAURICE-QUENTIN
DE LA TOUR

Peintre du roi Louis XV

PAR

Charles **DESMAZE**

Conseiller à la Cour d'appel de Paris,

Officier de la Légion d'honneur.

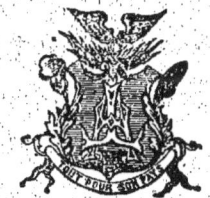

SAINT-QUENTIN

LIBRAIRIE PARISIENNE DE LANGLET, ÉDITEUR

5, RUE D'ISLE, 5

1873

MAURICE-QUENTIN

DE LA TOUR

(EXTRAIT DE LA PETITE REVUE.)

TIRÉ A 250 EXEMPLAIRES NUMÉROTÉS

Nº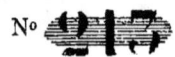

MAURICE-QUENTIN
DE LA TOUR

Peintre du roi Louis XV

PAR

Charles DESMAZE

Conseiller à la Cour d'appel de Paris,
Officier de la Légion d'honneur.

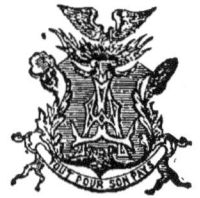 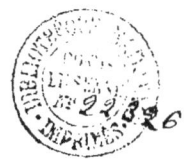

SAINT-QUENTIN
LIBRAIRIE PARISIENNE DE LANGLET, ÉDITEUR
5, RUE D'ISLE, 5

1873

ENVOI A M. S. V.

Ce livre a été fait avec des souvenirs, avec des pensées, reflet de nos bonnes causeries sur l'art et la poësie, ces fleurs éternelles et bénies qui, elles, ne meurent jamais! Me permettrez-vous de vous dédier encore cette humble notice et, malgré les deuils subis et les tristes années écoulées, voudrez-vous bien l'accueillir aujourd'hui comme autrefois, avec votre doux sourire, qui me fût si souvent un précieux encouragement?

CHARLES DESMAZE.

18 septembre 1872.

MAURICE-QUENTIN DE LA TOUR

I.

Le peintre Lebrun venait de mourir (1690), et avec lui disparaissait le genre académique, emprunté à l'Italie. Les draperies, les riches manteaux, tombaient pour laisser la place aux bergers, aux dominos, à la poudre et aux mouches. L'art splendide du Poussin s'effaçait devant Mignard, comme Vanloo devait s'effacer devant Boucher (1). Les boudoirs alors remplacent les ruelles des précieuses, l'ombre le grand jour ; aux costumes sévères succèdent les étoffes légères, semées de paillettes, parsemées de fleurs. Les paniers égalent, en diamètre, la hauteur des dames, les hommes mettent du fard ! Le vêtement a toujours été un signe infaillible de décadence, or la décadence venait ; la noblesse blasée riait de tout et pour tout, elle se faisait un jeu des cérémonies funèbres, allait voir supplicier les misérables (2) en place de Grève, et louait d'avance des fenêtres, quand elle n'y allait pas en carrosses. Le roi Louis XIV avait donné au monde l'exemple de la force ; Louis XV, c'était l'insouciance sur le trône ; Louis XVI devait être la vertu et l'expiation.

Pour représenter cette société éphémère, frivole, il fallait que la peinture devînt, elle aussi, éphémère, frivole. L'art du pastel était déjà inventé ; faut-il l'attribuer à l'Allemand Alexandre Thiel, ou à l'Italienne Rosalba ? Rosalba Carriera, née à Venise en 1675, morte le 15 avril 1757, fut reçue membre correspondant de l'Académie de peinture de Paris le 9 novembre 1720. On voit dans la galerie de Drésde cent cinquante-sept portraits faits par elle. Il existe au Louvre quatre pastels dus à Rosalba : une *Femme tenant un singe*, deux portraits de femme ins-

---

(1) Arsène Houssaye, *Revue des Deux-Mondes*, 1843.
(2) « On n'a jamais le plaisir de voir pendre les fripons de conséquence, » disait alors l'avocat Barbier en son curieux *Journal du règne de Louis XV*.

crits sous les numéros 596 et 598 ; enfin, le *portrait de la princesse de Salm-Salm*. C'est une fille d'Italie, au gracieux nom, qui inventa un art destiné à reproduire la finesse des traits féminins. Les femmes ont été les reines du dix-huitième siècle, reines adorées, semant leurs sourires, leurs fleurs, leurs portraits ; leur vie était une éternelle fête ; ce n'était pas assez de figurer sur ce théâtre enchanté, il fallait conserver à l'avenir le costume et le visage des acteurs. Le pastel convenait bien assurément à cette époque, il se faisait vite, quelques séances suffisaient pour reproduire un modèle dont tous les instants étaient comptés. La poésie en vantait les procédés à leur apparition :

> Des crayons mis en poudre imitent les couleurs
> Que, dans un teint parfait, offre l'éclat des fleurs ;
> Sans pinceau, le doigt seul place et fond chaque teinte,
> Le duvet du papier en conserve l'empreinte,
> Un cristal la défend. — Ainsi de la beauté
> Le pastel a l'éclat et la fragilité (1).

Le temps avait l'inconvénient d'affaiblir quelques tons dans les clairs ; le pastel attendait son maître. De La Tour, à l'aide d'un verni à l'esprit de vin passé derrière le papier peint, croit-on, a obtenu des procédés plus sûrs et d'un effet plus durable que ceux de ses prédécesseurs. Ce n'était encore que des essais. En 1753, Loriot soumit à l'Académie de peinture une découverte pour fixer le pastel. Voyez, à ce sujet, Renon : « *Secret pour fixer le pastel*, inventé par Loriot, et publié par l'Académie Royale de peinture et de sculpture en 1780 ; » Paris, in-4º, et le « *Traité de peinture au pastel*, ou secret d'en composer les crayons et des moyens de les fixer, avec l'indication d'un grand nombre de nouvelles substances propres à la peinture à l'huile, et les moyens de prévenir l'altération des couleurs, par P. R. de C..., C. A. P. de L... ; » Paris, Maisonneuve ; 1788, in-12. Toutes ces recettes, qui ont aujourd'hui subi l'épreuve du temps, n'ont pas, nous pouvons le dire, tenu ce que promettait leur titre.

VIE DE M. Q. DE LA TOUR.

Maurice-Quentin de La Tour naquit à Saint-Quentin, dans la rue qui porte aujourd'hui son nom, le 5 septembre 1704. Aux registres de l'état civil de Saint-Quentin se trouve encore l'acte de naissance suivant :

Paroisse Saint-Jacques, année 1704.

Le cinquième de septembre est né et a été baptisé par le soussigné, prêtre-curé, Maurice-Quentin, fils légitime de Mᵉ

---

(1) Watelet, receveur général des finances, était amateur de peinture, membre de l'Académie française et associé de l'Académie de peinture.

François de La Tour, chantre, et de Reine Zanar, sa femme. Le parrain, M° Maurice Méniolle; la marraine, demoiselle Marie Méniolle, épouse de noble homme M° Jean Boutillier, ancien mayeur de cette ville, lesquels ont signé.

« *Signé :* Maurice Méniolle, Marie Méniolle, de La Tour et Maillet, curé. »

Une humble et tardive inscription rappelle le lieu de la naissance et sa date : Une tablette de marbre blanc avec ces mots : « A Maurice-Quentin de La Tour, la commune de Saint-Quentin reconnaissante, » se remarque rue de La Tour, à la maison habité par M. Basquin-Pruvot, n° 2, ancien numéro 57.

De La Tour fut élevé à l'ombre de l'Eglise dans le quartier occupé par les chanoines et la maîtrise. Son enfance fut celle d'un homme de talent, il étudiat, à sa guise, à son heure, à son choix. Au lieu d'écouter le professeur, qui expliquait un passage des *Catilinaires*, l'élève croquait ses camarades et couvrait ses cahiers d'esquisses pleines d'incorrections encore, mais d'avenir pourtant. La vocation se révélait par des échappées où le talent perçait déjà à travers l'inexpérience de la jeunesse. Dès 1718, Maurice dédiait à Nicolas Desjardins, principal du collège, une perspective de Saint-Quentin, dessinée au crayon. A dix-huit ans, il quitte le collège, son frère aîné prend la carrière des finances, le cadet se fait soldat, lui veut devenir peintre. Les premières leçons de cet art lui avaient été données à Saint-Quentin; il va en chercher d'autres à Reims et à Cambrai, où il pourra étudier les modèles et les maîtres.

De La Tour avait une taille petite, mais bien prise : il portait la tête haute, son œil était vif, sur ses lèvres passait un fin sourire. Sa constitution frêle et nerveuse l'empêcha de se livrer à la peinture à l'huile (il a fait cependant un portrait de *Carle Vanloo*, et une toile représentant le *satyre Marsyas*) ; mais il dût l'abandonner à jamais pour le pastel. Sa ressemblance était grande dans le portrait laissé par Péronneau : de La Tour y est représenté en habit de velours noir, avait un gilet rouge à galons d'or, les cheveux poudrés, la cravate blanche, la main dans le gilet, la tête en arrière. Un autre portrait de de La Tour, peint par lui-même et gravé par Schmidt, a fait dire au chanoine du Temple, Mongenot, avec plus de vérité que de poésie :

Admirer jusqu'ou l'art atteint :
La Tour est gravé comme il peint.

Madame Varenne possède un portrait de La Tour, dessiné par lui-même, ainsi que le portrait de sa mère, et de son frère le chevalier, ancien officier de gendarmerie, trois pastels représentant : Madame de Pompadour, le cardinal archevêque de Tencin et l'abbé Duliége, exécuteur testamentaire du chevalier de La Tour. Le père de de La Tour, resté veuf, se remaria bientôt.

C'en était donc fait, une voix secrète avait dit à l'enfant, privé de la grande et sainte affection d'une mère : « tu seras artiste, » et il se mit à marcher malgré les ronces, les épines, vers une existence de lutte, d'envie, d'attente, de recherches, de fatigue et d'isolement.

Dès les premiers pas, il glisse, perdu et malhabile, sur un terrain qu'il ne connait pas.

A Cambrai, il recherche une marchande, dont les regards semblaient l'encourager, il était jeune, elle était belle. Un rendez-vous de nuit est accordé, un panier doit monter l'audacieux au second étage, où logent ses amours. C'était un vendredi *(Veneris dies)*; l'ascension convenue a lieu, mais la fenêtre ne s'ouvre pas. De La Tour, suspendu en l'air, voit la Flamande, derrière ses vitres, rire aux éclats de la mystification, et montrer à son mari que sa vertu n'est pas moins robuste que ses appas. La nuit est passée, longue et froide nuit ! dans ce panier vacillant, et le lendemain matin, au jour, les soldats, les désœuvrés, les passants qui se rendent au marché, se demandent en riant la cause de ce spectacle aérien et inattendu, Après cet esclandre, qui fut bientôt connu de toute la ville, notre jeune homme comprend qu'il faut partir, chercher fortune ailleurs; il a été humilié dès sa première rencontre d'amour: il s'écrie, lui aussi: « Tout beau mon cœur ! » Il a juré de ne plus aimer : serment longtemps tenu. Il demande à l'absence, à l'étude des consolations. Sa tête ardente va se calmer aux froids brouillards de Londres ; dans cette ville les peintres sont rares, mais les encouragements ne leur manquent pas. Naissent des œuvres durables, et des graveurs viendront là exprès au monde pour les reproduire: Richard Earlom, Guillaume Wollet, Valentin Green et Guillaume Sharp.

Mais l'ennui du sol natal l'emporte ; être heureux, être riche, être recherché, être célèbre déjà, à quoi bon, si ce n'est la France, si ce n'est Paris qui donnent cette consécration ?

Vers cette époque, Diderot écrivait à son ami M. Grimm : « Remarquez qu'il y a quelques savants, quelques érudits et même quelques poëtes dans nos provinces; aucun peintre, aucun sculpteur. Ils sont tous dans la grande ville, le seul endroit du royaume où ils naissent et où ils soient employés. »

De La Tour revient donc à Paris, il avait alors vingt-trois ans. D'abord il se fait passer pour peintre anglais (l'anglomanie est déjà de mise) ; ses portraits le mettent en rapport avec les personnes en crédit et avec les artistes : Restout, qui fut son maître et le mit en relation avec Lemoine, Vien, Carle Vanloo, Vernet, Parochèle, Greuze. Largillère devint vite son ami ; Péronneau pressent un rival et fuit en Danemark ; Rigault veut se lier seulement avec les hommes illustres, et attend que la gloire ait ceint le front du nouveau venu. De La Tour est présenté, par le graveur Tardieu, à Delaunay, marchand de tableaux, quai de Gèvres; puis à Vermansal, qui le fait accueillir dans l'atelier de Spoëde. Là, il fait des portraits, qui sont remarqués par Louis de Boullongne, premier peintre du roi. « Vous ne savez encore ni peindre ni dessiner, lui dit celui-ci, mais vous possédez un talent qui peut vous mener loin. » Malheureusement ce bienveillant protecteur mourut en 1733 (1).

De La Tour, animé d'une volonté forte, qui ne connaissait pas les obstacles, devint fanatique de son art. Caractère impétueux et sauvage, parlant plus avec lui-même qu'avec les autres, il traversait le monde et ses joies sans s'y arrêter longtemps, vivant surtout face à face avec la peinture, sa muse fidèle et adorée. Un travail si soutenu devait enfin obtenir sa récompense. Reçu d'abord agréé (1738), puis membre de l'Académie royale de peinture (1744), de La Tour en fut nommé directeur (1746). Bientôt un brevet du 4 avril 1750 le nomme peintre du roi au pastel, et le 17 mars 1745 il obtient un logement au Louvre, celui qu'occupait Martinet, valet de chambre et orlogeur de Sa Majesté.

Pour acquérir ses titres, il avait produit déjà beaucoup d'œuvres remarquables, dont quelques-unes nous sont restées. La renommée lui venait enfin (2).

Notre peintre étudiait aussi la littérature, les mathémathiques et la politique, afin de se trouver à la hauteur des conversations qu'i l entendait dans les cercles et aux dîners donnés, le lundi, chez madame Geoffrin. Là se trouvaient ses bons amis (3) Helvétius, Nollet, Crébillon, J.-J. Rousseau, Duclos, Dupuis, Voltaire, Diderot, d'Alembert, de la Condamine, Buffon, le maréchal de Saxe, Paulmy, d'Argenson, le comte d'Egmont, le duc d'Aumont, l'abbé Hubert, dont il fut institué légataire, l'abbé Pommier, le financier Orry, Piron, et le violoniste Mondoville.

De la Tour consacrait ses loisirs à cette société charmante et polie, qui conservait si bien le grand art de la causerie. Dans cette intimité de tous les moments, les heures passaient rapides, et l'horloge seule, quand ce n'était pas toutefois la venue du jour, donnait le signal du départ. C'était à qui obtiendrait son portrait, car le peintre choisissait et faisait quelquefois la figure du

---

(1) M. Duplessis, *Archives du nord de la France*, 3ᵉ série, t. III, 4ᵉ livraison.

(2) « Il me reste à vous parler, dit Baillet de Saint-Julien, de nos peintres de portraits. Nos plus illustres sont MM. Nattier, Tocque, Aved, chacun dans un genre différent, et La Tour dans tous les genres. » (*Lettres sur la peinture à un amateur*. Genève, 1750, in-12, p. 28).

(3) De Bucelly d'Estrées, *Notice sur de La Tour*.

valet, qui lui paraissait plus spirituelle que celle du maître (1). Diderot s'exprime ainsi : « La Tour, excellent peintre au pastel, grand magicien. » Etre peint par de La Tour était donc un brevet d'esprit ou de beauté. Nous le disons encore aujourd'hui, en regardant ces pastels du siècle passé, à demi effacés par le soleil des printemps envolés ; sous la glace attachée aux guirlandes du bois doré et dans cette poussière éteinte, on devine facilement la rose et la beauté qui se souriaient l'une à l'autre (2). et peu s'en faut que l'on n'entende encore les paroles et le charmant duo de la fleur et du sourire (2).

Ces pensées naissent à l'esprit de qui regarde le portrait de mademoiselle Fel, cantatrice de l'Académie Royale de musique, en 1757 (3). La bien-aimée du peintre, son étoile du soir, a été représentée par lui, la tête ornée d'une légère coiffure de dentelle ; elle n'a pas de poudre sur ses noirs cheveux ; on dirait une fière enfant de l'Orient ou de l'Espagne, venue pour protester contre les modes, contre les frivolités du temps et de la ville où elle a vécu. Qui dira les ineffables encouragements apportés par cette femme toujours dévouée à la nature inquiète et rêveuse de l'artiste (4) ? Bon ange placé sur la route du peintre, pour le soutenir de la voix et de la main, il n'est resté de vous qu'une image gracieuse et rayonnante, mais elle suffit à la postérité pour lire la beauté de votre âme à travers la beauté de votre corps, *mens blanda in corpore blando.*

Il y a presque toujours dans la vie des grands hommes une attrayante figure de femme, dont les biographes, attachés au sujet principal, dédaignent de s'occuper ou qu'ils ne nous rendent qu'imparfaitement. » (Madame Louise Colet, *Lettres de madame du Châtelet.*)

Nous avons été assez heureux, grâce à Mme Varenne, pour (5) retrouver les lettres de Mlle Fel, et nous les reproduisons ici :

« Je me suis mise, mon très cher voisin, dans les détails de
» notre dinné jusqu'au cou, et pour que vous sachiez ce qu'il
» en coute de donner à mangèr aujourd'huy, je vous envoye
» la feuille, qui ne ressemble nûllement à celles des bénéffices.
» Vous n'y trouverez point de vin, de liqueur, attendu que
» nous faisons cette dépense en comun. Vous savez actuelle-
» ment ou peuvent aller vos dinners, car j'ai mis l'attention la

---

(1) De Bucelly d'Estrées *(Notice sur de La Tour)* : ainsi pour le fermier général de la Reignière, dont nous avons cependant le portrait.

(2) Jules Janin, *Littérature dramatique*, t. II.

(3) « Chardin distribuait les tableaux au Salon : en opposant face à face les pastels de La Tour à ceux de Péronneau, il a interdit à celui-ci l'entrée du Salon, et cependant Péronneau fut quelque chose autrefois dans le pastel. » DIDEROT.

(4) Dans l'École de dessin, à Saint-Quentin, *Musée de Fervaques.*

(5) *La première lettre, non signée, ni datée semble adressée à M. G. de La Tour le peintre, la seconde à son frère, le chevalier, et la troisième à M. Cambronne Huet, juge consul en charge, à Saint-Quentin. (Picardie)*

» plus scrupuleuse à tout voir, et tout scavoir. Je puis vous
» assurer mon très cher voisin, que je n'en ferais pas tant
» pour moy, je vous souhaite le bon soir et vous embrasse du
» fonds de mon cœur. »

à Chaillot, ce jeudi.

J'ai pris de la mâne, ce matin, pour me délivrer de mes lanterneries, je me trouve mieux.

Paris, 5 janvier 1785,

« J'ai reçu ci-inclue, monsieur le Chevalier, l'état des meu-
» bles, dont votre honnêteté laisse la jouissance ma vie du-
» rante. Je suis très touchée des nouvelles offres que vous
» me faites, mais croyez, monsieur le Chevalier, que je ne me
» suis attendue à aucune marque de reconnaissance de votre
» part, n'ayant écouté que ma conscience, qui est mon guide or-
» dinaire pour toutes les actiosn de ma vie. Quant à l'appartement
» que j'occupe à Paris, qui me convient par la proximité de
» mes amis, mais qui est si triste que si la partie que je ne
» connais pas l'est moins, je pourrai peut-être à louer le tout
» pour me sauver des boues de Chaillot, pendant l'hiver quand
» vous serez à Paris, je me déciderai. — M. Dorizon à dû vous
» mander que, d'après l'avis qu'a donné M. Paquier, pour les
» dangers et le domage, que la fumée pourrait causer aux pas-
» tels de M. de La Tour, il est instant que vous veniés faire
» fermer les écartements du mur, aussy je compte que cet in-
» cident vous déterminera à rendre possible votre petit voyage,
» recevez les assurances des souhaits bien sincères, que je fais
» pour vous, dans tous les tems et du dévouement parfait
» avec lequel je suis pour la vie, Monsieur le Chevalier, votre
» très humble et très obéissante servante. »

FEL.

« Je vous rend grâces, monsieur le chevalier (1), des vœux obli-
» geans que vous formés pour moy, et de leur sincérité, dont je
» ne saurais douter d'après la connoissance que j'ai de votre
» caractère ; je me flate aussi que vous êtes bien persuadé que
» personne au monde ne désire plus que moy de vous scavoir
» heureux, et tranquille.

« Je suis charmée que la santé de votre pauvre frère se sou-
» tienne ; il ne faut pas s'étonner si les forces diminuent à son
» âge ; le tems met à tout des proportions, il faut compter sur
» cela. Je crois pourtant qu'il serait à propos de luy persuader
» que la *lélérte* trouve mauvais qu'il boive de son urine, et
» qu'il s'obstine à être deux jours sans manger. Quant aux bé-
» nédictions, je les crois aussi indifférentes que celle du Pâpe,

(1) *A Monsieur le chevalier de La Tour, à Saint-Quentin.*

» ainsy vous pouvez le laisser faire. Ce que vous me mandez de
» M. Vibert, inspecteur des manufactures, me prouve que ma
» réponse a croisé votre lettre. Il m'a écrit la lettre du monde
» la plus honnette, et j'ai eu l'honneur de luy répondre, d'une
» façon très détaillée que j'avais chanté au concert d'Amiens
» du temps que M. de Chamillac eu était Intendant ; Insi
» Monsieur le Chevalier, il a gagné la discrétion, et j'en suis
» bien aise. Faite lui ces complimens, et je vous prie tous de
» boire à ma santé. Vous connoissez mes sentimens, comme
» je n'ai pas envie d'en changer, je suis, sans cérémonie
» Monsieur le Chevalier, votre très humble et très obéissante
» servante. »

Fel.

Paris, le 5 Janvier 1788.

Chaillot, le 8 juillet 1789.

« Les précaution que vous faittes prendre à M. le chevalier
» de l'atour, s'accordent tout affet avec ma façon de penser.
» Dans la crise où il se trouve, on ne sauroit veiller de trop
» près les inconveniens, et franchement, il est temps que le
» pauvre chevalier se mette au repos.

« Je recevrai Muler avec plaisir, pour mon domestique, d'au-
» tant que jetais décidée à renvoyer le mien, qui, comme je
» l'avois prévû s'est crû un personnage, depuis qu'il a eù l'hon-
» neur d'en imposer à un fou. Je vais arrêter les soins de mes
» amis, qui s'étoit enquêttes de me trouver un sujet tel qu'il le
» faut pour son bonheur, et le mien : si Muler, me sert avec
» affection, qu'il ne se relâche poin sur ses devoirs, il n'aura
» jamais envie de me quitter, car il trouvera ches moy, de la
» justice, de l'humanité une maison réglée et beaucoup de tran-
» quilité. — mes gages sont de cent écus, y comprisson habil-
» lement, il sera blanchi et les étrennes sont en proportion du
» méritte.

« Si ma condition luy convient, M. le chevalier me l'envoyera,
» avec un mot de lettre, pour me donner des nouvelles de
» M. de latour, — j'orai un entretien avec luy, ou se déciderai
» le jour de son entrée ches moy, — pendant que muler se repo-
» sera, je me defferai de ma lourde bête.

« Je vous prie, monsieur, de continuer vos bons offices
» d'ami, et d'ami de mérite, — qui a seu vous appercevoir, a du
» remarquer les sentimens, dans notre cœur — j'ai l'honneur
» d'être, avec la plus parfaite considération,
» *monsieur votre très humble et très obéissante servante.* »

Fel.

« — Bien des choses je vous prie à M. le chevalier, et quoique
« je n'aye pas l'honneur d'être conu de Mme Cambronne, j'ai
» celuy de la saluer, ainsy que toutte votre famille. »

Ces lettres, les seules que le temps ait sauvées de l'oubli, nous révèlent que Mlle Fel, *la céleste*, la contatrice fêtée et adorée, n'avait jamais oublié son amant, ni la famille de celui-ci.

Grâce à l'obligeante communication de Madame Varenne, nous allons citer maintenant les lettres des amis et de ceux dont le talent de La Tour a reçu les remerciements et les hommages ; nous en avons les précieux originaux, sous les yeux, c'est une heureuse trouvaille, dont nous tenons à faire profiter de suite, les concitoyen set les nombreux admirateurs de La Tour.

Vendredi au soir

« M. le Cardinal de Tencins (1) devais aller, demain, chez
» vous, à onze heures, — monsieur ; et il ne pensoit pas, que c'est
» demain, jour de conseil, depuis dix heures, jusqu'à une ou
» deux heures. Aussi, monsieur, si vous pouvez remettre la
» partie a lundy — prochain, a onze heures du matin, j'aurais le
» plaisir de me trouver à vostre travail, et de continuer d'ad-
» mirer jusqu'à quel point vous portez la perfection de vottre
» art je suis très parfaitement, monsieur, vostre très humble et
» très obéissant serviteur.

L'Ev. DE VERDUN.

« M. le Duc d'Aumont, prie monsieur de La Tour de n'avoir
» aucune inquiétude sur son portrait, Madame Adélaïde (2)
» désirant les garder quelques jours, elle promet d'en avoir
» grand soin. »

M. le Duc charge Monsieur de Lusdré d'en dire demain, d'avantage à M. de La Tour.

à Versailles, le III février 1750.

Monsieur,

« Ce n'est que depuis deux heures que je jouis de la satis-
» faction de voir le plus admirable de tous les portraits pour la
» ressemblance et pour toutes les autres parties.
« J'ettais bien souffrante au dernier point et quoiqu'il fut
» devant mes yeux, je ne le voyais pas j'ai passé huit jours dans
» cet état, je me trouve infiniment mieux aujourd'hui, grâce à
» Dieu, je conte aller à la campagne pour tâcher de me réta-
» blir, j'espère partir vendredi et avoir le plaisir de vous voir
» avant. Mon mari part demain matin, et vous ferez, Monsieur,
» une très bonne œuvre, en me faisant l'amitié de venir dîner
» avec moi. Vous ne sauriez croire, Monsieur, l'embarras où

---

(1) Ce portrait du cardinal de Tencin, qui jusqu'ici n'était signalé nulle part, est, sans doute, celui que possède Madame Varenne.
L. Guérin de Tencin, né à Grenoble en 1680, cardinal en 1739, Archevêque de Lyon en 1740, mort en 1748.

(2) Madame Adélaïde était une des filles de Louis XV.

» nous sommes pour placer le second moi-même. Nous ne
» trouvons point de place digne de lui, et nous attendrons vos
» bons avis, vous voudrez bien excuser ce grifonnage, il m'est
» permis d'avoir des distractions, car je ne peut pas lever les
» yeux, sans voir votre ouvrage. »

J'ai l'honneur d'être, Monsieur, avec la plus grande estime, votre très humble servante.

Mercredi 19.

THELLANON.

à Monsieur de La Tour, chez lui.

— L'histoire ne nous dit pas si cette gracieuse et toute féminine invitation a été acceptée, en l'absence du mari ?

De Paris, ce 30 Août 1752.

« Si vous voulez vous trouver ce soir, monsieur, à l'opéra
» comique, comme nous sommes convenus hier soir, je vous
» meneray à Passy, et vous rameneray après le souper. Je suis
» charmé d'avoir cette occasion de vous assurer de la considé-
» ration avec laquelle je suis, monsieur, votre très humble et
» très obéissant serviteur. »

Le comte d'EGMONT.

— Afin que nous puissions nous trouver plus sûrement, le rendez-vous sera sur le théâtre, après la pièce.

Je suis gros, cher amy, d'avoir de vos nouvelles, j'en ai bien
» besoin. — J'aurai aussi gros besoin de vous pour me dis-
» traire de tout le brouillamini, dont je suis chargé et qui
» n'est pas agréable, car avoir, depuis le matin jusqu'au soir,
» avoir affaire à des prêtres et des moines, qui cherchent sou-
» vent à vous attraper, n'est point amusant. — Aussi pour me
» dédommager de tout cela, je voudrais bien que vous me don-
» niez des nouvelles de votre santé. — Pour de votre amitié,
» j'en connais trop le prix, pour ne pas croire que j'en suis
» bien en possession.—Je la mérite,cher amy,par celle que je vous
» ai voué et par l'attachement sincère et inviolable, avec lequel
» je serai toute ma vie votre serviteur et amy de tout mon cœur.

L'abbé POMMYER, doyen.

J'embrasse le cher frère, mille choses à M. et Mme Chardin. Faites mémoire de moi à Mlle Navarre, si vous pouvez employer ses petits doigts en faveur de mon frère le Prieur...

A M. Delatour, peintre du Roi, aux Galeries du Louvre.

— Je serais bien flatté, mon cher amy, d'apprendre de
» vous le résultat des bonnes intentions, que vous, M. Char-
» din et Cochin, avez eues pour moi. — Cela a si fort affecté
» mon cœur et ma reconnaissance que je suis dans le plus

» grand empressement de savoir ce qui aura été conclu.—Si vous
» avez l'amitié de m'écrire ce qui aura été fait, vous m'adresse-
» rez sous l'enveloppe de M. le Président (1). — *A M. le Pre-*
» *mier Président au Château de Bryère, par Lazarelles,*
» *vôtre lettre.*
» *Recevez d'avance tous mes remerciments et les renou-*
» *vellements d'amitié et des sentiments que je vous ai voué*
» *pour la vie.* »

L'abbé POMMYER.

Au Château de Bryère, ce 27 octobre 1767.

— Les deux lettres qui suivent, doivent, par leur style, par la date, l'initiale et la ressemblance des écritures, le lieu d'où elles sont écrites, être attribuées à Voltaire, le patriarche de Ferney. — La dernière ne doit pas trop surprendre de la part du philosophe qui était pieux dans son domaine, où il avait élevé une chapelle avec ses mots : *Deo erexit Voltaire.*

— Mon cher Apelle, si vous devez brûler votre maison,
» c'est parce qu'elle n'est pas digne de vous. Si j'avais une de ces
» brochures, je l'enverrais sur le champ. — Je vais en faire
» venir; je vous les porterais. — Je suis enchanté que vous
» aimiez un peu, la phisique. Vous avez raison, celui qui em-
» bellit la nature doit la connaître. Je vous embrasse, mon cher
» Latour, sans cérémonie, elles ne sont pas faites pour ceux
» qui cultivent les arts. » V.

Au Château de Ferney, 20 avril 1768.

— Je vois, monsieur, que les Parisiens jouissent d'une heu-
» reuse oisiveté puisqu'ils daignent même s'amuser de ce qui se
» passe sur les frontières de la Suisse, au pied des Alpes et du
» Mont Jura. Je ne conçois pas comment la chose la plus sim-
» ple, la plus ordinaire et que je fais tous les jours, a pu causer
» la moindre surprise. Je suis persuadé que vous en faittes au-
» tant dans vos terres, quand vous y êtes, il n'y a personne qui
» ne doive cet exemple à sa Paroisse, et si quelquefois dans
» Paris le grand mouvement des affaires ou d'autres considéra-
» tions obligent de différer les cérémonies prescrites, nous
» n'avons pas à la campagne — de pareilles excuses. Je ne
» suis qu'un agriculteur, et je n'ay nul prétexte de m'écarter
» des règles auxquelles ils sont tous assujettis. — L'innocence
» de leur vie champêtre serait justement effrayée si je n'agis-
» sois pas et si je ne pensais pas comme eux ; nos déserts, qui
» devroient nous dérober au Public de Paris, ne nous ont jamais

---

(1) Le Premier Président du Parlement de Paris était à cette époque — Maupeou (Réné Nicolas Augustin) — 1763-1768. (Le Parlement de Paris — Cosse éditeur.)

» dérobé à nos devoirs; nous avons fait à Dieu, dans nos ha-
» meaux, les mêmes prières pour la santé de la Reine que dans
» la Capitale, avec moins d'éclat sans doute, mais non pas avec
» moins de zèle. Dieu a toutes nos prières comme les vôtres, et
» nous avons appris avec autant de joye que vous, le retour
» d'une santé si précieuse.
» *Je vous supplie, monsieur, de vouloir bien me mettre*
» *aux pieds de M. V. le p. de l., et de me conserver les bon-*
» *tés, dont vous honorez v. n. et ob. serviteur.* »
V.

Voltaire dédiait, du reste, au Pape Benoît XIV, sa tragédie de Mahomet :

—*Très Saint-Père*, Votre Sainteté voudra bien pardonner la liberté que prend un des plus humbles, mais l'un des plus grands admirateurs de la vertu, de consacrer au chef de la véritable religion un écrit contre le fondateur d'une religion fausse et barbare.

A qui pourrais-je plus convenablement adresser la satire de la cruauté et des erreurs d'un faux prophète, qu'au vicaire et à l'imitateur d'un Dieu de paix et de vérité ?

Que Votre Sainteté daigne permettre que je mette à ses pieds et le livre et l'auteur. J'ose lui demander sa protection pour l'un et sa bénédiction pour l'autre. C'est avec ces sentiments d'une profonde vénération que je me prosterne et que je baise vos pieds sacrés.
17 Août 1845.

— (Voir aussi la lettre de remercîments au même Pape, dont il baise les pieds sacrés).

Voltaire avait un confesseur qui s'appelait le Père Adam, dont il disait plaisamment : que ce n'était pas le premier homme du monde.

Les portraits de de La Tour sont vrais des pieds à la tête, ils étaient durables. Aussi les dames de la cour se pressaient-elles chez lui pour obtenir quelques séances ; beaucoup éprouvaient des refus. De ce nombre fut d'abord madame de Pompadour.

Mandé pour faire le portrait de la favorite, de La Tour répond qu'il ne va pas peindre en ville ; enfin, cédant à de nouvelles instances, il consent, mais à la condition de n'être dérangé par personne.

A peine est-il installé en face de son modèle, que Louis XV entre dans l'appartement. Aussitôt de La Tour s'écrie : « Vous m'avez dit que votre porte serait fermée. »

Puis il se sauve en répétant : « Je n'aime pas à être interrompu. »

Sa franchise Picarde lui inspira envers le roi lui-même une

réponse semblable : « Je ne savais pas qu'un roi de France ne fût pas maître chez lui (1). »

Un jour, de La Tour s'avisa, en faisant le portrait du roi, de parler des affaires de l'Etat : « Il faut bien le dire, Sire, nous n'avons pas de marine. » Louis XV ramena l'artiste à son pastel par cette réponse : « N'avez vous pas Vernet, monsieur La Tour (2) ? »

Si le style est l'homme, on jugera de La Tour d'après la lettre suivante :

« Mon cher monsieur,

» Je suis fort sensible à l'honneur de votre souvenir et de la charmante galanterie que vous me voulez faire de votre nouvelle édition de Londres. J'ay offert à M. votre cousin de lui fournir ce que vous souhaiterez de chocolat ; il me fait grand plaisir d'apprendre qu'il vous fait du bien ; je voudrais qu'il vous fît appeler à présent la jeune mine, quoiqu'on soit jeune tant que l'on se porte bien. Je crois que de l'eau à jeûn est un bon préservatif contre les maladies ; elle nettoye l'estomac, lave les reins et prépare une bonne digestion. En s'y accoutumant peu à peu, on peut parvenir à deux peintes par jour ; ceux qui suivent mon régime m'appellent leur sauveur.

» L'intérêt que je prends à votre santé me fait jouer ici le rôle d'un médecin d'eau douce. On n'est jamais aussi sûr des autres remèdes que de celuy-là ; c'était l'axiome de M. Cochi de Florence.

» J'ai l'honneur d'être, mon cher monsieur, avec la franchise et la cordialité d'un Picard,

» Votre très humble et très obéissant serviteur,

DE LA TOUR.

» Aux galeries du Louvre, le 24 avril 1774. »

Cette lettre, qui appartient à la collection de M. Jules de Boilly, est citée aux archives de l'art français, 15 juillet 1852, 4me section.

---

(1) *Biographie universelle.*
(2) Arsène Houssaye, *Galerie de portraits du dix-huitième siècle.*

LES TABLEAUX.

Écrire la vie de de La Tour, c'est énumérer les nombreux tableaux qu'il a laissés. Il débute au salon de 1737, et il fait son dernier envoi au Salon de 1773; il avait alors 69 ans.

Nous empruntons à l'excellent travail de M. Champfleury (1), qui en a fait le relevé sur les livrets du temps, la notice des envois de de La Tour aux expositions (2) de peinture de l'année 1737 à 1773.

Salon de :

1737. — Madame Boucher.
— L'auteur qui rit.
1738. — Le portrait de M. Restout, professeur de l'Académie, dessinant sur un portefeuille, par M. De La Tour, agréé de l'Académie.
— Portrait au pastel, représentant madame de..., habillée avec un mantelet polonais, réfléchissant, un livre à la main.
— M. Mansard, architecte du roi.
— Un portrait au pastel de mademoiselle de la Boissière, ayant les mains dans un manchon, appuyée sur une fenêtre.
— Autre, représentant madame de Restout en coiffure.
1739. — M. Dupouch appuyé sur un fauteuil.
— Le frère Fiacre de Nazareth.
1740. — M. de Bachaumont.
— Madame Duret, dans une bordure ovale.
— Un portrait jusqu'aux genoux de M. de... qui prend du tabac.
1741. — Un tableau en pastel, de 6 pieds 2 pouces de haut sur 4 pieds 8 pouces de large, représentant M. le président de Rieu en robe rouge, assis dans un fauteuil, tenant un livre dont il va tourner le feuillet, avec les attributs qui composent un cabinet, comme bibliothèque, paravent, table, et un tapis de Turquie sous les pieds.

---

(1) *Les Peintres de Saint-Quentin et de Laon*, par M. Champfleury.
(2) En 1673 eut lieu la première exposition, au Palais-Royal, où l'Académie de peinture et de sculpture tenait ses séances.
Mansard obtint de Louis XIV, en 1699, la tenue d'une nouvelle exposition, dans la grande galerie du Louvre; elle se renouvela en 1704.
En 1727, un nouveau concours fut ouvert au Louvre pour les membres de l'Académie de peinture et de sculpture, mais tous n'y furent pas admis.
En 1737, le sieur Orry, directeur général des bâtiments, ordonna une exposition générale, pour tous les membres de l'Académie sans exception. A partir de cette époque, des expositions eurent lieu annuellement jusqu'en 1745, où il y eut l'intervalle d'une année entre chaque exhibition.

— Autre tableau représentant le buste d'un nègre qui attache le bouton de sa chemise.

1742. — Madame la présidente de Rieu, en habit de bal, tenant un masque.

— Mademoiselle Salé, habillée comme elle est chez elle.

— M. l'abbé.., assis sur le bras d'un fauteuil, lisant à la lumière un in-folio.

— M. du Mont-le-Romain, professeur de l'Académie royale de peinture et de sculpture, jouant de la guitare.

— Petit buste de l'auteur, ayant le bord de son chapeau rabattu.

1743. — M. le duc de Villars, gouverneur de Provence, chevalier de la Toison d'or.

— Pastel représentant M. Parocel, peintre de l'Académie.

— Pastel représentant mademoiselle de...

1745. — Le Roi.

— Le Dauphin.

— M. Orry, ministre d'Etat, contrôleur général, peint en grand.

— M., amy de l'auteur, aussi en grand (1).

1746. — Plusieurs autres portraits sous le n° 168.

— Portraits de :

1° Monseigneur le Dauphin ;

2° M. Restout, peintre ;

3°....

4°....

1747. — Portraits de :

1° Madame la comtesse de Lowendhal.

2° Le maréchal de Saxe.

3° Le duc d'York.

4° Madame de Montmartel.

5° Le comte de Clermont.

6° Le Moyne, sculpteur.

7° M. Binet.

8° M. l'abbé Le Blanc (2).

9° M. Gabriel, premier architecte.

10° M. Cupis (un musicien, je crois).

11° Mondonville.

1748. — Le Roi.

— La Reine.

---

(1) Sans doute Duval d'Epinoy, secrétaire du roi ; au bas de ce portrait, de La Tour grava ces deux vers :
« La peinture autrefois naquit de tendre amour,
» Aujourd'hui l'amitié la met dans tout son jour. »
(2) La Tour va trop bien, il me semble,
En nous peignant l'abbé Leblanc ;
N'est-ce pas assez qu'il ressemble ?
Faut-il encor qu'il soit parlant ?
PIRON.

— Le Dauphin.
— Le prince Edouard.
— M. le maréchal de Belle-Isle.
— M. le maréchal de Saxe.
— M. le maréchal de Lowendhal.
— M. le comte de Sassenage.
— M. Savalette père.
— M. Savalette fils.
— M. de Moncrif, de l'Académie française.
— Madame.....
— M. Duclos, de l'Académie française et belles-lettres.
— Madame.....
— M. du Mont-le-Romain, adjoint à Restout.
1750. — Plusieurs têtes au pastel sous le même numéro.
1751. — M. de la Reynière.
— Madame de la Reynière.
— M. Dille.
1753. — Madame Lecomte, tenant un papier de musique.
— Madame de Geli.
— Madame de Mondonville, appuyée sur un clavecin.
— Madame Huet, avec un petit chien.
— Mademoiselle Ferrand, méditant sur Newton.
— Mademoiselle Gabriel.
— M. le marquis de Voyer, lieutenant général des armées du roi, inspecteur général de la cavalerie, honoraire, associé libre de l'Académie royale de peinture et de sculpture.
— M. le marquis de Montalembert, mestre de camp de cavalerie, gouverneur de Villeneuve, d'Avignon, associé libre de l'Académie royale des sciences.
— M. de Sylvestre, écuyer, premier peintre du roi de Pologne, directeur de l'Académie royale de peinture et de sculpture.
— M. de Bachaumont, amateur.
— M. Watelet, receveur général des finances, honoraire, associé libre de l'Académie royale de peinture et de sculpture.
— M. Nivelle de la Chaussée, de l'Académie française.
— M. Duclos, des Académies française et des inscriptions, historiographe de France.
— M. l'abbé Nolet, maître de physique de M. le Dauphin, de l'Académie royale des sciences et de la Société royale de Londres.
— M. de la Condamine, chevalier de Saint Lazare, de l'Académie royale des sciences, de la Société de Londres et de l'Académie de Berlin.
— M. d'Alembert, de l'Académie royale des sciences, de la Société royale de Londres et de celle de Berlin.
— M. Rousseau, citoyen de Genève.
— M. Manelli, jouaut dans l'opéra du *Maître de musique*, le rôle de l'impressario.

1755. — Madame la marquise de Pompadour, de cinq pieds de haut sur quatre pieds de larges.

Ce portrait de madame de Pompadour a été très bien apprécié, de notre temps, par des critiques distingué, MM. Sainte-Beuve et Houssaye :

« Il y a au Louvre un pastel de La Tour, qui représente madame de Pompadour dans tout l'éclat de sa gloire et de sa beauté. — La marquise est assise près d'une table couverte de livres, où l'on distingue l'*Esprit des Lois* et l'*Encyclopédie* (ces deux œuvres monumentales ont paru sous son règne). Un livre ouvert montre Guay ciselant quelque figure de Louis XV ou de sa maîtresse. — La marquise est coiffée de ses cheveux légèrement poudrés ; elle est vêtue d'une robe ouverte à grands ramages ; elle est chaussée de mules à talons, dignes d'un pied d'Orientale ; elle a le cou fièrement attaché ; la tête est une merveille de beauté coquette, fine et gracieuse ; le front est élevé et sévère ; les lèvres, légèrement pincées, expriment de la volonté et de la raillerie ; les yeux sont d'un vif éclat : le nez est parfait ; il y a dans tous les traits un air de noblesse et de dignité, que tempère le souvenir des petits soupers de Versailles: la couleur de cette figure est fraîche et délicate. — En voyant ce chef-d'œuvre d'un attrait féerique, on commence à comprendre Louis XV, et pourtant Louis XV abandonnait la France pour la marquise de Pompadour ! »

Sur le manuscrit de l'*Art de peindre* en 1755, provenant de la bibliothèque du prince de Canino, se trouvait cette note autographe de Watelet :

« On a vu l'art de la peinture
Rendre Flore, Psyché, Vénus même et l'amour ;
On l'a vu se vanter d'égaler la nature,
Et ne pouvoir imiter Pompadour ! »

« Ce manuscrit a été fait à la prière de madame de Pompadour que je connaissais avant qu'elle ne fût mariée. — Je n'avais pas encore fait les dernières corrections à mon ouvrage, que j'ai fait imprimer depuis par Guérin et Latour. — In-4º et petit in-8º. »

1756. — Portraits de :

1º M. Tronchet.
2º M. Monet.
3º Mademoiselle Fel.
4º... Un capucin.

1759. — Plusieurs portraits sous le même numéro.

1761. — Portraits de :

1º M. le comte de Lusace.
2º M. de Crébillon, poète tragique.
3º M. le duc de Bourgogne.
4º Madame la Dauphine.

5° M. Bertin.
6° M. Laideguive, notaire.

Diderot, en parlant du salon de 1761, dit : « Le portrait du vieux Crébillon, à la romaine, la tête nue, et celui de Laideguive, notaire, ajouteront beaucoup à la réputation de de La Tour. (1)

1763. — Monseigneur le Dauphin.
— Madame la Dauphine.
— Monseigneur le duc de Berry.
— Monseigneur le comte de Provence.
— Le prince Clément de Saxe.
— La princesse Christine de Saxe.
— Autres portraits sous le même numéro.

De 1763 à 1769, il n'apparaît à l'exposition aucun tableau de de La Tour. — D'après Didérot, Boucher, Greuze, de La Tour, se seraient abstenus d'envoyer au salon de 1767, sous prétexte qu'ils étaient las de s'exposer aux bêtes et d'être déchirés. — Cependant le salon de 1767 contient deux cent quarante-trois ouvrages, dont cent quatre-vingt-trois tableaux, trente-cinq sculptures et vingt-cinq gravures. — Parmi ces ouvrages on comptait : un Michel Vanloo ; — sept Vernet ; — deux trumeaux de Chardin ; — le *Coucher de la mariée*, gouache de Baudouin ; — quinze Leprince ; — douze Robert ; — des Lespicié, et la statue de la *Baigneuse*, par Allegrain.

1779. — Plusieurs têtes sous le même numéro, notamment le portrait de Restout, nous apprend Diderot.

1773. — Plusieurs têtes sous le même numéro.

Il nous a paru curieux de rapprocher de cette liste la note des pastels de La Tour, aujourd'hui encore exposés à St-Quentin, dans la salle d'étude des élèves, conformément aux prescriptions du fondateur à une délibération du bureau administratif :

1° Le portrait de l'abbé Hubert.
2° Le portrait du financier de la Popelinière.
3° Le prince Xavier de Saxe.
4° M. d'Argenson.
5° Diogène, sa lanterne à la main.
6° Le portrait de Sylvestre.
7° Le portrait de Vernezobrc.
8° Madame de la Popelinière.
9° Dupauche.
10° Jean Monnet.
11° Le portrait d'un magistrat.
12° Jean-Jacques Rousseau.
13° D'Achery en habit gris.
14° Parocel.
15° De La Tour, peint par Péronneau.

(1) Diderot, *Œuvres complètes*, édition in-8°. Paris, Brière, 1836.

16° Portrait d'un homme de loi.
17° De Voltaire.
18° D'Achery, en habit bleu.
19° Portrait d'homme, en habit de moire lilas.
20° Portrait de Manelli.
21° Portrait de Duclos.
22° Tête d'homme, à longue barbe, vu de face.
23° L'abbé Pommier.
24° L'abbé Leblanc.
25° Le père capucin Emmanuel. (1)
26° Le maréchal de Saxe.
27° Un magistrat en habit noir.
28° Etude de femme demi-nue portant une colombe.
29° Etude de femme demi-nue portant une couronne.
30° Portrait d'une Hollandaise en peignoir.
31° Grand tableau représentant Marie-Christine de Bavière et le duc de Bourgogne.
32° Mademoiselle Fel.
33° Boîte de Laint-Léger.
34° La Camargo.
35° Crébillon.
36° Marmontel.
37° Madame de Pompadour.
38° Louis XV.

Et quarante-huit études de têtes d'hommes et de femmes, dont quelques-unes sont médiocres et font douter qu'elles soient de de La Tour. (2)

D'après M. Arthur Dinaux, la galerie de Dresde possédait les figures de la Dauphine Marie-Thérèse et de Maurice de Saxe, par de La Tour.

La galerie de Denon (n° 817) avait un portrait de Crébillon du même.

Le cabinet de Saint, peintre en miniature, renfermait plusieurs magnifiques pastels, entre autres le portrait de Mademoiselle Salé, danseuse de l'Opéra, vendu six cents francs en 1846.

Le Musée de Valenciennes garde deux portraits d'homme et de femme de de La Tour.

Quelques musées de nos départements et de rares cabinets d'amateurs possèdent des pastels de notre peintre.

---

(1) Avait été confesseur de de La Tour, qui le retourna à Paris.
Sur les portraits de Mondoville, de Crébillon, du P. Emmanuel, de Sylvestre, de l'abbé Hubert, voir l'*Eloge historique de de La Tour*, prononcé le 2 mai 1788, à l'hôtel de ville de Saint-Quentin, par l'abbé Duplaquet. Saint-Quentin, imprimerie de Hautoy, 1789.
(2) Ne seraient-ce pas des portraits retouchés par de La Tour déjà vieux, qui, sous prétexte que tout doit être sacrifié aux têtes, corrigea, en les gâtant, des pastels admirés ?

Le Musée du Louvre conserve neuf pastels de de La Tour. Ils portent les numéros suivants :
1080. — Portrait d'homme.
1051. ⎫
1054. ⎭ Deux portraits d'hommes.
1055. — Portrait de femme.
— Autre portrait de femme.
1079. — Madame de Pompadour.
— Portrait de La Tour par lui-même.
— Portrait de Jean-Baptiste Chardin, peintre de genre et de portraits.
— Portrait du maréchal de Saxe.

On admire encore au Louvre les portraits de Louis, Dauphin de France, gravés d'après de La Tour, par Aubert ; de Réné Frémin, sculpteur du roi, gravé par Surrugue fils ; du maréchal de Lowendhal, gravé par Wille. — 1749.— **Portrait de de La Tour**, gravé par C. F. Schmidt. — 1748. — Riché de la Morlière, gravé par Lépicié ; de Louise-la-Fontaine Solar de la Boissière, gravé par Petit ; de Crébillon, gravé par Moëtte ; de d'Alembert, par Gautier ; de Voltaire, de Rousseau, de Marivaux, de J. J. Rousseau et de Diderot.

A en juger par le nombre de ses tableaux, l'existence de de La Tour fut donc un constant travail, une lutte sans trêve. — L'âge venait cependant, l'artiste comprend que l'heure du repos est arrivée, il dépose son pinceau, après avoir jeté aux vents sa vie, son âme ; il se recueille dans de bonnes pensées, dans de bonnes actions, restant en cela fidèle en lui-même. — Puis les années marchent, apportant avec elles les ennuis de la vieillesse, et voilà que tout à coup la raison flotte dans cette tête autrefois si fertile (1), aujourd'hui pleine seulement de rêveries et de souvenirs. L'artiste est victime de son génie ; visité de Dieu, un souffle d'en haut a jeté le trouble dans cette frêle machine qui, sentant déjà les atteintes prochaines de la mort, tournait encore son esprit du côté de la vie. — Ainsi fit de La Tour : comme un oiseau blessé qui revient mourir en son nid ; d'Auteuil, il regagne la terre natale (21 juin 1784). Le joyeux carillon célèbre son retour, c'est un jour de fête pour tous ; la rue de la Vignette est pleine des habitants qui, le mayeur en tête, vont au-devant de leur illustre concitoyen ; le soir, les maisons sont illuminées ; ovation méritée ! dont le triomphateur put jouir encore à travers les lueurs incertaines de sa raison. — Cette ovation s'adressait au peintre qui avait produit tant de gra-

---

(1) « La Tour avait de l'enthousiasme, mais le cerveau déjà brouillé de politique et de morale, dont il croyait raisonner savamment ; il se trouvait humilié lorsqu'on lui parlait de peinture. S'il fit mon portrait, ce fut pour la complaisance avec laquelle je l'écoutais réglant les destinées de l'Europe. » (Marmontel, *Mémoires*.) — N'est-ce pas une histoire d'hier ?

cieuses peintures, et aussi à l'homme généreux qui avait doté sa ville de tant de bienfaits.

Aujourd'hui l'école de dessin (1) renferme toutes ces œuvres, et cette salle, qui se convertira bientôt, nous en sommes sûrs, en un musée digne du maître, réunit à toujours, comme ils le furent pendant leur vie, les gentilshommes, les dames, les moines, les savants et les artistes ; les dentelles sont près du velours, les armes près de la soie ou de la bure. — Ombres captives et charmantes encore, nous interrogeons en vain vos visages, rien n'y décèle le pressentiment de vos destinées ! L'heure de la ruine approchait, et vous alliez à l'abîme, le sourire au visage, l'espérance au cœur et au front (2). Vous viviez, et vous viviez vite, parce que l'orage grondait et que nul ne s'en pouvait sauver. Vos têtes se sont courbées sous la hache, fières toujours, muettes, résignées.

Lui, de La Tour, n'a pas vu ces jours néfastes : aussi a-t-il quitté le monde avec regret ; il se réfugiait dans ses rêves heureux. Au dedans de lui-même, il avait gardé un seul culte, un seul nom aimé, celui de mademoiselle Fel ; il réchauffait sa vieillesse au foyer fumant et tiède de ce dernier amour ; il relisait les lettres, touchait des lèvres les fleurs desséchées, les longs cheveux, les boîtes à pastilles ; précieuses reliques ! chers souvenirs ! Puis, au souper, songeant au repas du soir, si longtemps pris ensemble, il buvait à sa divinité (3).

Ses frères l'entouraient de leurs soins affectueux, et pour ne pas troubler sa pensée, faisaient silence autour de lui ; ils le suivaient sur les remparts, les promenades d'alors. Là, De La Tour, s'adressant aux arbres vieillis, leur disait : « Bientôt, vous serez bons à réchauffer les pauvres. » Il pouvait ajouter : « Bientôt aussi, je vais finir comme vous, mais je cherche encore l'air, le soleil (4) et les senteurs des fleurs (5). »

De La Tour s'éteignit le 17 février 1788, plein de jours et de bonnes œuvres. Son acte de décès existe à l'état civil de Saint-Quentin ; il est ainsi conçu :

Paroisse Saint-André, année 1788.

Cejourd'hui, lundi 18 du mois de février 1788, le corps de M. Quentin de La Tour, peintre du roi, conseiller de l'Acadé-

---

(1) A Saint-Quentin, ancienne abbaye de Fervaques.
(2) « Pour toi, de La Tour, artiste philosophe, savant, fidèle imitateur, ami de tes modèles, ils semblent annoncer, par leur extérieur content, l'agrément de ton entretien, le plaisir de s'être reconnus dès les premiers traits. Tu parviens à peindre l'esprit même par des détails infinis, sans sécheresse, sans rien perdre de la chaleur des tons ni du large des effets. » (Sentiments sur les tableaux exposés au Salon de 1769.)
(3) M. de Bucelly d'Estrées.
(4) « Laissez entrer le soleil, » disait Gœthe à la belle madame de Vaudreuil, qui l'assistait à son lit de mort.
(5) Flosculorum odoramenta.

mie de peinture et sculpture de Paris, et honoraire de l'Académie d'Amiens, transporté à l'église de Saint-Remy, sa paroisse, en cette église, a été inhumé dans le cimetière de cette paroisse, en présence de M. Jean-François de La Tour, chevalier de l'ordre royal et militaire de Saint-Louis, son frère, et de M. Adrien-Joseph-Constant Duliége, chapelain de l'église de Saint-Quentin et vicaire de la paroisse de Notre-Dame, soussigné.

Fait double, les jour et an que dessus.

Signé : De La Tour, Duliége,
et Labitte, curé.

Son épitaphe, placée maintenant dans la nef de Saint-Quentin, était, avant 1793, dans la paroisse Saint-André ; elle est ainsi conçue et est due au chanoine Duplaquet :

A LA GLOIRE DE DIEU
ET
A LA MÉMOIRE
DE MAURICE-QUENTIN DE LA TOUR,
NÉ A SAINT-QUENTIN, LE 5 SEPTEMBRE 1704,
PEINTRE DU ROI,
CONSEILLER DE L'ACADÉMIE ROYALE
DE PEINTURE ET DE SCULPTURE DE PARIS,
ET HONORAIRE
DE L'ACADÉMIE DES SCIENCES ET BELLES-LETTRES D'AMIENS.
BIENFAITEUR
DE CES DEUX ACADÉMIES,
ÉMULE DE LA NATURE
DANS SES PORTRAITS,
PÈRE DES ARTS
DANS L'ÉTABLISSEMENT
DE L'ÉCOLE ROYALE GRATUITE DE DESSIN
DE CETTE VILLE.
PÈRE DES PAUVRES
DANS SES FONDATIONS
POUR LES PAUVRES FEMMES EN COUCHES
ET
POUR LES PAUVRES VIEUX ARTISANS.
BON PARENT,
BON AMI,
BON CITOYEN,
ESPRIT JUSTE ET ORNÉ,
CŒUR DROIT ET GÉNÉREUX,
ORNEMENT ET SOUTIEN DE L'HUMANITÉ.
MORT LE 17 FÉVRIER 1788,
DANS LA 84e ANNÉE DE SON AGE.

Il est mort à temps, écrivait récemment un critique dont la bienveillance égale l'esprit (1). Qu'aurait-il fait, l'aimable peintre, de tant de jolies femmes, de grandes dames coquettes, de jeunes hommes légers et dissipateurs, de grands seigneurs magnifiques, au milieu du cataclysme de 93 ?

Le pastel, un instant négligé, a, de nos jours, repris grande faveur. Des artistes, parmi lesquels il serait injuste de ne pas ranger aujourd'hui madame la princesse Mathilde Bonaparte, ont produit des œuvres empreintes d'un vrai mérite. Au premier rang, il convient de placer M. Eugène Giraud, un grand artiste, un noble cœur, récemment frappé par la mort de son fils Victor, digne de son père, et qui aurait tenu toutes les promesses déjà données par ses tableaux : *les Forgerons, le Charmeur, le Retour du Mari, le Déjeûner dans l'Atelier, le Marchand d'esclaves*. Après lui, se sont produits des essais heureux.

On a souvent critiqué de La Tour plutôt pour des dégradations accidentelles survenues à ses tableaux par le fait de l'humidité, que pour sa manière ou son coloris. — Lui aussi pourrait répondre à ses modernes imitateurs ces paroles que le poëte met dans la bouche *du maître Italien au nom d'Ange* :

> Vos peintres auront beau, pour voir comme elle est faite,
> Tourner entre leurs mains et retourner ma tête,
>   Mon secret est à moi.
> Ils copiront mes tons, ils copiront mes poses,
> Mais il leur manquera ce que j'avais, — deux choses :
>   L'amour avec la foi.

FONDATIONS DE BIENFAISANCE

LAISSÉES PAR DE LA TOUR.

Au reste, de La Tour n'avait pas attendu l'heure suprême pour faire le bien. Jamais un service ne lui fût réclamé en vain. Il fait accorder au maréchal de Saxe, inquiet de l'avenir, une pension de vingt mille livres, payables sur les États d'Artois. Il restitue à des héritiers pauvres une succession à lui laissée. A Amiens, il lègue dix mille livres pour décerner, chaque année, une médaille de cinq cents livres à l'auteur de la plus belle action ou de la plus utile découverte en Picardie. Ses bienfaits ont été nombreux, dispersés partout ; mais les plus importants ont été réservés à Saint-Quentin, la ville de ses prédilections.

De La Tour avait été souffrant fatigué, il écrivait des Galeries du Louvre, le 6 novembre 1770 : « Je viens d'essuyer deux maladies consécutives, l'une causée par un accident sur l'œil,

(1) De Vienne.

l'autre par une transpiration interceptée, dans laquelle il s'est mêlé de la Goutte. — J'ai vu, deux fois, mon dernier moment, dans l'espace d'un mois. »

Alors, au milieu de Paris même et de ses joies, l'artiste songe aux misères de sa ville natale, aux déshérités qui travaillent depuis l'aube jusqu'à la nuit dans une atmosphère de feu, qui tissent les riches étoffes, eux à peine vêtus ; il pense à leurs femmes, qui achètent, par la douleur, par les privations, les saintes joies de la maternité. Dès le 2 mars 1778, l'artiste écrit au Mayeur de Saint-Quentin :

— « J'approuve, avec satisfaction, l'ordre de la distribution et l'excellente application des deniers, formant la rente annuelle de six cents livres au principal de douze mille livres, qu'il vous a pu placer, à ma demande, sur le Domaine de la ville, pour être employée au soulagement des pauvres femmes en couches et à aider, pendant l'hiver, des artisans caducs ou infirmes et de bonnes mœurs, dans l'impuissance de fournir, par leur travail, à la vie alimentaire. C'est un établissement charitable, offert de la part d'un citoyen qui a toujours conservé, pour sa ville natale, cet amour de la patrie, qui est né avec lui, il me rend précieuse l'estime de tous mes concitoyens, et me fait considérer ces secours, en faveur des pauvres, comme un devoir, dont je m'acquitte. »

Le 21 juillet 1781, un projet est soumis aux mayeur, échevins et députés des corps, puis à l'intendant, afin de fonder à Saint-Quentin une école gratuite destinée à former, non pas des peintres, mais des dessinateurs. La lettre qui adresse les pièces au ministre Amelot, le 13 août 1781, est signée de Desjardins, mayeur, et des échevins de Bournonville, Raison, J. Brayer Blondel, Guillaume. Le dossier fut transmis au ministre par l'intermédiaire de l'intendant d'Amiens, qui reçut à cette occasion la lettre suivante :

« Monsieur (1),

« Messieurs les officiers municipaux de la ville de St-Quentin m'ont communiqué la lettre que vous leur avez fait l'honneur de leur écrire, en réponse de l'envoi qu'ils vous avaient fait d'un projet de lettres patentes pour l'établissement d'une école gratuite de dessin dans leur ville. Je ne puis qu'être infiniment sensible aux bontés que vous voulez bien avoir pour ma patrie, en protégeant de votre puissant crédit un établissement que j'ai espéré devoir être utile à tous mes concitoyens. A mon particulier, agréez tous mes sentiments de reconnaissance et le respect avec lequel j'ai l'honneur d'être, monsieur, votre très-humble et très-obéissant serviteur.

« DE LA TOUR. »

« Aux galeries du Louvre, 21 septembre 1781. »

(1) *Archives du département de l'Aisne*, 10, c. 30.

Des lettres patentes du roi, données à Versailles au mois de mars 1782, registrées au Parlement le 15 avril 1782, portant établissement d'une école royale gratuite de dessin et d'un bureau de charité en la ville de Saint-Quentin (1).

L'article 1er porte que cette école est fondée en faveur des jeunes gens et ouvriers qui se destinent aux arts mécaniques et aux différents métiers. « Elle sera régie par un bureau composé du mayeur et des échevins, de six notables et d'un secrétaire (art. 2).

« Un don de dix-huit mille livres en faveur de ladite école est fait par ledit sieur de La Tour. Les mayeur et échevins sont autorisés à constituer au nom du sieur de La Tour, une rente au denier vingt, payable de six mois en six mois (art. 8).

« Autorisation est donnée d'établir un bureau de charité pour le soulagement des femmes en couches et des vieillards infirmes, lequel leur fournira en nature, le pain, le vin, la viande, le linge et les médicaments dont ils pourraient avoir besoin, et sera, ledit bureau, régi et gouverné par les administrateurs de ladite école gratuite (art. 9).

« Au cas où l'école gratuite de dessin cesserait, les biens et revenus au temps de la dissolution passent et appartiennent au bureau de charité (art. 10).

« Le sieur de La Tour nommera, pendant sa vie, les professeurs ; après son décès les maîtres seront nommés par l'Académie royale de peinture sur une liste de trois sujets présentés par le bureau d'administration (art. 7). »

Une ordonnance du roi (2) porte règlement pour l'école royale gratuite de dessin dans la ville de Saint-Quentin ; elle est signée Louis. — Versailles, 31 octobre 1782 ; par le roi, Amelot. Elle comprend vingt-quatre articles qui s'occupent de la division et de l'établissement des études.

« Soixante-dix élèves, âgés de huit ans accomplis, doivent y être admis, avec l'agrément du mayeur, ou en son absence, du premier échevin (art. 4 et 5).

« Trois genres d'études y seront enseignés :

« La géométrie et l'architecture (lundi et jeudi).

« Figures et animaux (mardi et vendredi).

« Fleurs et ornements (mercredi et samedi).

---

(1) « Statuts de l'Ecole royale gratuite de dessin, dans la ville de Saint-Quentin, fondée par M. de La Tour, peintre du roi, conseiller de l'Académie royale de peinture, honoraire de l'Académie des sciences, belles-lettres et arts d'Amiens, et citoyen de Saint-Quentin. »
A Saint-Quentin, imprimerie de F. T. Hautoy, libraire-imprimeur du roi, 1783.

(2) Voir aux *Archives du département de l'Aisne* (10, c. 30), la lettre du ministre Amelot (28 juin 1782), qui demande l'avis de l'intendant sur le projet de règlement ; la réponse de M. l'intendant d'Agay, du 21 juillet 1872 ; enfin la dépêche du 8 novembre 1782, par laquelle M. Amelot transmet à M. d'Agay le projet de règlement approuvé par ordonnance royale.

« La classe se tiendra du 1er mars au 1er octobre, de huit heures à midi ; et du 1er octobre au 28 février, de neuf heures à midi. Un concours annuel, du 15 au 20 avril, présentera les progrès des élèves, dont les dessins seront jugés par dix commissaires, quatre choisis parmi les membres du bureau, six parmi les meilleurs artistes et manufacturiers. La distribution des prix aura lieu le 2 mai, jour de Saint-Quentin, patron de la ville et du fondateur, à l'hôtel-de-ville, en présence des notables. Les prix seront couronnés par le mayeur, et ceux qui auront des accessits, les recevront des échevins (art. 8). »

De La Tour craint que ses libéralités ne soient insuffisantes, et, le 7 août 1782, il abandonne à l'école de dessin de Saint-Quentin, suivant contrat reçu par Minguet, notaire à Paris, cinq cent trente-sept livres quinze sols de rente :

En décembre 1782, trois cent trente-sept livres cinq sols ;
Le 22 mai 1783, cinq cents livres ;
Le 17 février 1784, cent deux livres cinq sols.

Déjà le 17 août 1782, il avait donné pour les femmes en couches, cinq cent quarante-cinq livres neuf sols six deniers ;

Et par autre don, sept cent quatre-vingt-quatorze livres (1).

Les utiles fondations de de La Tour étaient en voie de prospérité ; une sollicitude active et libérale les avait créées et soutenues, lorsque la Révolution vint en arrêter le succès. A cette époque, les rentes affectées à ce service ne furent plus payées par le Trésor ; on ne put même obtenir la mobilisation de la créance, et l'école était supprimée de fait, si elle n'eût été alors soutenue par le maire et par l'administration des hospices (2). Plus tard, M. Bellot, qui peut en être regardé comme le second fondateur, lui légua trente mille francs.

Le frère de de La Tour, Jean-François, ancien officier de cavalerie, aux termes de son testament reçu par maître Jean-Louis Desains, notaire à Saint-Quentin, le 20 septembre 1806, chargea Constant Duliége, prêtre, son légataire universel, de faire vendre à Paris, pour en affecter le produit au bureau de

---

(1) L'importance de ces libéralités se montait, le 16 thermidor an IX, en principal, à 90,174 livres 3 sols 4 deniers.
En intérêt, à 3,714 livres 14 sols 2 deniers.

(2) Dans une pétition adressée au premier consul, le 19 pluviôse an IX (8 février 1801), les habitants de Saint-Quentin réclament le rétablissement de l'école de dessin ; il fut fait droit à cette demande. Le 2 mai 1806, la distribution eut lieu dans la salle de spectacle avec une grande solennité. Le frère du fondateur offrit une médaille d'or ; la commune donna deux prix pour fleurs, l'un en or, l'autre en argent. MM. de la Loge fondent à perpétuité un premier prix d'architecture (médaille d'or) ; le professeur décerne un prix d'architecture, pour lequel concourent les trois classes. Les amateurs, dirigés par Jumentier, jouent des morceaux de musique, et le violoncelliste Faget se fait entendre dans un solo. Les dessins restent un mois exposés dans l'hôtel-de-ville. Le secrétaire de la commission était M. A. Q. Charlet, et le commissaire-directeur M. Bucelly d'Estrées.

— 33 —

charité des infirmes, des femmes en couches, de l'école de dessin, les portraits suivants (1) :

L'abbé Hubert lisant à la lumière.
Forbonnais, écrivain sur les finances.
L'abbé Pommier, conseiller en la grand'chambre.
Manelli, célèbre bouffon.
Dupeuche, peintre.
Un père capucin.
Un carme.
Un vieillard avec une barbe.
Parocel.
De la Reignier, financier.
Marie Leczynska, épouse de Louis XV.
Le maréchal, comte de Saxe.
M. d'Achery, ami de mon frère.
De Neufville, fermier général.
Crébillon, poëte tragique.
L'abbé Leblanc, écrivain sur les Anglais.
Jean-Jacques Rousseau (2).
Mondonville, tenant son violon.
Silvestre en robe de chambre.
Le Moine, sculpteur.
Un frère quêteur.
Diogène, sa lanterne à la main.
Monet, directeur de l'Opéra.
Une dame peinte en bleu.
Le prince Xavier de Saxe.
Le marquis d'Argenson.
Un Arménien.
Charles Maron.
Et quelques peintures à l'huile :
Un jeune Flamand.
Le maréchal comte de Saxe.
Alphée et Aréthuse.
Une jeune dame qui peint.
Esquisse de mademoiselle Clairon.
Savoyard de Greuze.
Chasse au faucon.
Le fleuve Léthé.
Marc-Antoine distribuant du pain à son peuple (3).

Le 15 mai 1807, le conseil municipal, composé de MM. Cambronne, Dartois, Cambronne (Quentin), Leuba, Delahaye l'aîné, Alwarez, Paringault, Hénique, Picard père, Marolle, Josselin,

(1) La vente fut, dit-on, tentée, mais ne réussit pas.
(2) *Confessions* (2ᵉ partie, l. X, p. 115, édition Beaudoin.)
(3) L'hôtel de ville possédait de De la Tour un tableau représentant *Madame la Dauphine faisant l'éducation de son fils*. Ce tableau, où figurait toute la famille royale, fut mutilé en 1793.

Delahaye jeune, Cordier, Piolet, Vielle, Namuroy, Pillon, Joly-Laval, Baligant, Paillette père, Houël, Baudreuil, Margerin, Hadengue et Desjardins, sur le rapport de M. Charlet, estime qu'il y a lieu d'accepter la donation de J. F. de La Tour.

Un décret, donné à Saint-Cloud, le 15 septembre 1807, accorde l'autorisation d'accepter les legs faits au bureau de bienfaisance et à l'école de dessin. Un second décret, signé à Bayonne, le 29 mai 1808, regarde comme non avenu le précédent décret, dont l'interprétation avait amené des difficultés de la part de M. Duliége, et renouvelle l'autorisation d'accepter (1).

A compter de cette époque, les œuvres de bienfaisance de de La Tour furent rétablies : d'après une délibération de la commission, en date du 8 septembre 1808, le revenu était, pour l'école de dessin, une somme de huit cents francs donnée par la ville ; huit cents francs donnés par les hospices comme indemnité du tiers de la dotation léguée. — On proposa alors d'élever de mille deux cents à deux mille quatre cents francs, traitement fixé par de La Tour, les honoraires du professeur Poiret. Le legs de trente mille francs, laissé par M. Bellot, permit encore de continuer, d'augmenter l'utile fondation de de La Tour. — Bien des élèves distingués sont sortis de l'école de dessin, et ont porté très-haut ce titre ; aucun d'eux n'a oublié de La Tour, dont les bienfaits avaient été si féconds.

La ville de Saint-Quentin se souvient aussi ; elle veut montrer qu'elle est fière d'être la mère d'un glorieux enfant et qu'elle encourage par sa reconnaissance dans le passé, comme par ses éloges dans le présent, tous les mérites et tous les talents. Classé avec soin, le Musée de La Tour est ouvert, sa statue, confiée au ciseau exercé de M. Langlet, orne une des places de Saint-Quentin, et c'est justice. — Nous avons voulu joindre notre éloge à cet hommage pieux, ajouter une fleur à la couronne qui va se tresser, fixer mieux encore cette figure d'artiste, que le vent de l'oubli pouvait chasser comme un blanc nuage sur le ciel.

(1) Les archives de la ville de Saint-Quentin n'offrent que les pièces suivantes relatives à l'école de dessin :
1° Etat du revenu de l'école de dessin en 1788, dressé par Rigaut, secrétaire perpétuel de l'administration ;
2° Lettre de M. d'Agay, intendant d'Amiens, du 9 septembre 1781, qui accuse réception du projet de lettres patentes pour l'établissement de l'école gratuite de dessin ;
3° Lettre de M. Bachelier (Paris, 7 avril 1785), qui donne indication sur la manière dont il procède pour le jugement du concours ;
4° Extrait des délibérations du bureau de l'école de dessin, de 1785, relativement à des médailles données en grand prix aux élèves, et dont M. Jean-François De la Tour, frère du fondateur, a fait les frais ;
5° Convention avec l'imprimeur, relative à l'impression de l'*Eloge de M. De la Tour*, par l'abbé Duplaquet, tiré à deux cents exemplaires, au prix de quarante-cinq francs l'un ;
6° Liste des personnes invitées à une distribution de prix de dessin.
(*Archives de l'Hôtel-de-Ville*, liasse 67, dossier C. Ecole de dessin.)

C'est avec joie que nous avons rempli cette tâche, et, en appréciant de La Tour dans ses œuvres et dans sa vie, nous pouvons dire : Il a été de son siècle, il en a les allures, l'esprit, l'ironie douce, et il fut non-seulement un grand artiste, mais, ce qui vaut mieux, un noble cœur.

Château de Sréprel 1872.

FIN.

Nous avons cité, dans le cours de cette notice, et l'on consultera utilement :

La *Biographie universelle*, v° LA TOUR.
Annales de l'Académie de Saint-Quentin. — DE LA TOUR, par M. le chevalier de Bucelly d'Estrées.
L'*Histoire des peintres de Saint-Quentin et de Laon*, par M. Champfleury.
Le travail de M. Duplessis, *d'après les manuscrits de Mariette*.
Arsène Houssaye, *Galerie du dix-huitième siècle* (passim).
L'abbé Duplaquet, *Eloge de de La Tour*, prononcé le 2 mai 1788.
E. Dréolle — *De la Tour*.
Ed. et J. de Goncourt — *De La Tour*.
Archives de l'Hôtel-de-Ville de Saint-Quentin.
Archives de la Préfecture de l'Aisne.
Voir encore les excellents discours prononcés à Saint-Quentin (lors de l'inauguration de la statue de La Tour) par M. Emilien de Niwerkerque, surintendant des Beaux-Arts et par M. Arsène Houssaye.

LIBRAIRIE PARISIENNE DE LANGLET

EDITEUR

5, RUE D'ISLE, A SAINT-QUENTIN.

EXTRAIT DU CATALOGUE.

Ch. GOMART. —	Etudes Saint-Quentinoises, 1862-1870, avec plans, vues et nombreuses grav. 1 vol. in-8.	7 f. 50
id.	Etudes Saint-Quentinoises, 1870-1878, avec 9 plans, vues, reproductions et nombreuses gravures. 1 vol. in-8.	7 50
id.	Essai historique sur la ville de Ribemont et son canton ; illustré d'un grand nombre de gravures et d'un plan de Ribemont. 1 vol. in-8.	6 »
id.	Siége de Saint-Quentin et bataille Saint-Laurent en 1557; orné de plans, cartes, et de plusieurs gravures. 1 vol. in-8.	2 50
Ch. DESMAZE. —	La Sainte-Chapelle du palais. 1 vol. in-18 Jésus.	
id.	Le Parlement de Paris. 1 vol.	»
id.	Le Chatelet de Paris. 1 vol.	»
id.	La Picardie, d'après les manuscrits. 1 vol. in-8.	
id.	Les Contraventions à Londres. 1 vol.	»
id.	Les Curiosités du Parlement de France. 1 vol.	»
id.	Pénalités anciennes (supplices et prisons). 1 vol. in-8.	
id.	Ramus, philosophe picard. 1 vol. in-8.	
id.	Jacques Bauchant, bibliophile Saint-Quentinois (sous presse.)	
id.	De La Tour, peintre du roi Louis XV (sous presse.)	
id.	L'Abbaye d'Isle	id.
id.	Lettres inédites des rois et reines de France (sous presse.)	
id.	Les Métiers de Paris, d'après les registres du Châtelet (sous presse.)	
L'abbé POQUET. —	Les Miracles de la sainte Vierge. 1 vol. grand in-4°.	50 »
id.	Cours de Conférences archéologiques. 1 vol. in-8.	4 »
id.	Monographie de l'Abbaye de Longpont. 1 vol. in-8.	10 »
id.	Promenades archéologiques dans le Soissonnais. 1 vol. in-8.	4 »
id.	Précis historique et archéologique sur Vic-sur-Aisne. 1 vol. in-8.	5 50
id.	Notice historique et descriptive sur Amblegny. 1 vol. in-8.	3 »
id.	Notice historique et descriptive sur Cœuvres et Valsery. 1 vol. in-8.	5 »

id.	Notice historique et descriptive sur Essonnes. 1 vol. in-8.	3 »
id.	Notice historique et archéologique sur Chezy. 1 vol. in-8.	3 »
id.	Notice historique sur la cathédrale de Soissons. 1 vol. in-8.	3 »
id.	Iconographie de l'Arbre de Jessé. 1 vol. in-8.	2 »
id.	Les Gloires archéologiques de l'Aisne. 1 vol. in-8.	2 »
id.	Catalogues de vues, dessins et plans relatifs au département de l'Aisne.	1 50
id.	Jules César et son entrée dans la Gaule-Belgique. 1 vol. in-8.	4 »
MELLEVILLE.	— Dictionnaire historique du département de l'Aisne. 2 vol. grand in-8.	12 »
id.	Le Château de Coucy. in-8.	2 50
id.	Le Canal de Saint-Quentin. in-8.	2 50
id.	Les Seigneurs de Pierrepont et les Comtes de Roucy. in-8.	2 50
id.	La Maison de Montchalons. in-8.	2 50
id.	Les Amours des plantes, poème. 1 vol. in-8.	5 »
FERNAND LE PROUX.	— Fondation d'une Chapelle de Notre-Dame en 1468 à Compiègne. in-8.	2 »
PIERRE BENARD.	— Collégiale de Saint-Quentin. in-8.	2 »
F. POUY.	— L'illustre Compiègne. in-18.	2 »
id.	Histoire de cocardes. in-18.	2 50
id.	Longpré-les-Anciens et les Du Gard. in-8.	3 »
id.	Parodies et Caricatures des thèses historiées. in-8.	2 50
id.	Recherches sur l'orfèvrerie et la bijouterie. in-8.	3 50
ABEL DEROUX.	— L'Invasion de 1870-71 dans l'arrondissement de Saint-Quentin. 1 vol. in-18 Jésus.	2 »
id.	Histoire des Conciles œcuméniques. 1 vol. in-18 Jésus.	3 »
ED. WOLF.	— Souvenirs d'un officier de la mobile au siége de Soissons. 1870-71. in-8.	1 25
EDOUARD FLEURY.	— Ephémérides de la guerre de 1870-71 dans le département de l'Aisne. in-4°.	1 »
ERNEST LAVISSE.	— L'Invasion dans le département de l'Aisne. in-8.	1 »
CHARLES LEFRANC.	— Histoire de la guerre 1870-71. 1 vol. in-8.	1 »
ALFRED DESMASURES.	— Histoire de la Révolution dans le département de l'Aisne. 1789. 1 vol. in-8.	3 90
id.	Ephémérides historiques du Nord de la France. in-4°.	» 75
id.	Histoire des communes du canton d'Hirson. 1 vol. in-18 Jésus.	3 »
id.	Cahier d'un paysan. Etude sur la constitution de la France. in-18.	» 20
PASCAL GOURMAIN.	— Origny-Sainte-Benoîte. in-18.	1 »
id.	Les Cérémonies de la Semaine Sainte à Saint-Quentin, en 1859. in-8.	» 30
CH. POETTE.	— Vol du saint-ciboire à l'église de La-Haut. in-8.	» 75
ALFRED D'ANCRE.	— Silhouettes orientales. 1 vol. in-18.	1 »
id.	Saint-Quentin, son importance actuelle, son utilité, son influence. in-8.	» 50
id.	Le Camélia, comédie en un acte.	» 75
G. FRANÇOIS et CH. MAGNIER.	— Le 19 Janvier, épisode dramatique en un acte et en vers. in-8.	» 75
EMILE BAUDEMONT.	— Un pastel de De La Tour, comédie-drame en 2 actes et en vers. in-18.	1 »
GAVET (avocat.)	— Les Petits Mystères de Saint-Quentin, à-propos-vaudeville en un acte. in-8.	» 50

JULES JOLY. — Principes politiques. in-8. . . . . 1 »»
CH. DAUDVILLE. — Physiologie morale des instincts de l'homme. 1 vol. in-8. . . . . 6 »»
JULES MOUREAU. — Notice historique sur le Collége de Saint-Quentin (1141-1856). in-8. . . . . 2 »»
    id.   Le Salaire et des Associations coopératives. 1 vol. in-18 Jésus. . . . . 2 »»
    id.   Les Lois du travail et de la production. 1 vol. in-18 Jésus. . . . . 2 »»
L'abbé MATHIEU. — Eloge funèbre de M. C.-F. Tavernier. in-8. 1 »»
G. ASSELIN. — Notice historique et statist. sur Prémont. in-18. 1 50
A. OGNIER, de Gouy. — Notice historique et statistique sur Gouy et le Catelet. 1 vol. in-18. . . . . 2 »»
    id.   Souvenirs de l'Exposition universelle de 1867. 1 vol. in-18. . . . . 1 »»
    id.   Les ouragans du 7 mai et du 17 juillet 1866. 1 vol. in-8. . . . . » 60
H. GOURDON DE GENOUILLAC. — Histoire de l'abbaye de Fécamp. 1 vol. in-8. . . . . 5 »»
L'abbé JOSEPH DUPONT. — L'abbé Gerdert ou la première paroisse. 1 vol. in-18. . . . . 2 »»
    id.   Tribulations du desservant. 1 v. in-18. 1 50
    id.   Le Peuple souverain. 1 vol. in-8. » 80
GEORGES LECOCQ. — Patria ! Etude historique. in-8. . . . 1 »»
L'abbé HUOT. — Lettres apostoliques de saint Ignace. 1 v. in-8. 3 »»
FÉLIX RIBEVRE. — L'Institution des Petites-Sœurs des Pauvres. in-8. . . . . 1 »»
THÉOPHILE ECK. — Le Palais de Karnack. in-8 . . . . » 35
THÉOPHILE DUFOUR. — Entretien d'un vieillard. 1 vol. in-18. 1 »»
EDOUARD STEVENS. — Les Masques de Paris. Esquisses satiriques. 1 vol. in-18. . . . . » 50
LÉON MAGNIER. — Fleurs du bien. Poésies. 1 vol. in-18. . . 3 »»
ARNAUD BARON. — L'Oasis.   id.   id. . . . 1 50
JOACHIM MALÉZIEUX. — Chants du matin. Poésies. 1 vol. in-18. 2 »»
VICTOR-ROBERT JONES. — Poésies diverses.   id. . . . 1 50
ALPHONSE COTELLE. — Le Bedeau, poëme héroï-comique. 1 vol. in-18. . . . . 1 50
FERNAND BURIER. — Début d'un jeune poëte. Poésies. 1 v. in-8. 1 50
J. HÉRÉ. — Fables et Poésies. 1 vol. in-8. . . . . . . 3 »»
    id.   Leçons de rhétorique et de littérature. 1 v. in-8. . 3 »»
A. BLONDEAU. — Instruction pour montres, pendules et horloges. in-8. . . . . » 50
A. OPRON. — Barème pour la tare des betteraves. in-8. . . 2 »»
Plan de la ville de Saint-Quentin. 1 feuille. 1 50
Plan de la commune de Saint-Quentin. 1 feuille. . . . . . 3 »»
Carte de l'arrondissement de Saint-Quentin. 1 feuille. . . . 3 »»
Carte du département de l'Aisne. 1 feuille. . . . . . . 3 »»
Almanach Saint-Quentinois, commercial, administratif de la ville, de l'arrondissement de St-Quentin et du département de l'Aisne. » 50

Editeur d'ouvrages spéciaux sur la localité et autres.

VENTES ET ACHATS

d'ouvrages anciens et modernes, sur Saint-Quentin, le département, la Picardie, etc., de bibliothèques et de parties de livres en tous genres.

RENSEIGNEMENTS BIBLIOGRAPHIQUES SUR TOUS LES OUVRAGES ANCIENS ET MODERNES

Librairie, Papeterie, Fournitures de bureaux, Reliure, Fabrique de Registres, Papiers et Cartons en gros.

LA PETITE REVUE

LETTRES, ARTS, SCIENCES,
INDUSTRIE & HISTOIRE LOCALE DU NORD DE LA FRANCE

Paraissant tous les Dimanches.

ABONNEMENT :
Un an (payab. d'av.) 10 f.
Tout abonnement commencé
ne peut être interrompu
et est dû en entier.

Annonces, la ligne 50 c.
Réclames   »   1 fr.
On traite de gré à gré
pour les annonces répétées
plusieurs fois.

ADRESSER
tout ce qui concerne la *Rédaction*, l'*Administration*
et les *Annonces*,
à la Librairie parisienne
de **LANGLET**, éditeur
5, rue d'Isle
SAINT - QUENTIN
(Affranchir.)

Les Abonnés ont droit à une remise de 10 0/0 sur tous les ouvrages de Librairie qu'ils demanderont aux bureaux de la Petite Revue.

Saint-Quentin.—Imprimerie Ch. POETTE, rue Croix-Belle-Porte, 19.

OUVRAGES DU MÊME AUTEUR :

La Sainte-Chapelle du Palais, 1 vol. in-18 jésus.
Le Parlement de Paris, 1 vol. in-18 jésus.
Le Chatelet de Paris, 1 vol. in-18 jésus.
La Picardie, d'après les manuscrits, 1 vol. in-8.
Les Contraventions à Londres, 1 vol. in-8.
Les Curiosités du Parlement de France, 1 vol. in-8.
Les Pénalités anciennes, 1 vol. in-8.
Ramus, philosophe picard, 1 vol. in-8.
De La Tour, peintre du roi Louis XV, 1 vol. in-8.
Jacques Bauchant, bibliophile Saint-Quentinois, 1 vol. in-8.
L'Abbaye d'Isle de Saint-Quentin, sous presse.
Lettres inédites des Rois et Reines de France, sous presse.
Les Métiers de Paris, sous presse.

LA PETITE REVUE

LETTRES, ARTS, SCIENCES,
INDUSTRIE & HISTOIRE LOCALE DU NORD DE LA FRANCE

Paraissant tous les Dimanches.

ABONNEMENT :
Un an (payab. d'av.) 10 f.
Tout abonnement commencé
ne peut être interrompu
et est dû en entier.

Annonces, la ligne 50 c.
Réclames » 1 fr.
On traite de gré à gré
pour les annonces répétées
plusieurs fois.

ADRESSER
tout ce qui concerne la *Rédaction*, l'*Administration*
et les *Annonces*,
à la Librairie parisienne
de LANGLET, éditeur
5, rue d'Isle
SAINT-QUENTIN
(Affranchir.)

Les Abonnés ont droit à une remise de 10 0/0 sur tous les ouvrages de Librairie qu'ils demanderont aux bureaux de la Petite Revue.

VIENT DE PARAITRE

A la Librairie Parisienne de **LANGLET**, Editeur
5, rue d'Isle, à Saint-Quentin.

Histoire de l'Emancipation communale à Saint-Quentin et dans le Vermandois, par Ernest Berlemont, 1 vol. in-8, tiré sur papier vergé à 250 exemplaires numérotés.

Sous presse : L'Abbaye d'Isle de St-Quentin, par Ch. Desmaze.

Saint-Quentin. — Typ. Ch. POËTTE, rue Croix-Belle-Porte, 29.

www.ingramcontent.com/pod-product-compliance
Lightning Source LLC
Chambersburg PA
CBHW050029230526
45470CB00003B/1194